Du CM1 au CM2

9-10 ans

Parfum de vacances

Gérard Moncomble
écrivain

Fabrice Ruf
enseignant

illustré par
Erik Arnoux

Le papier de cet ouvrage est composé de fibres naturelles, renouvelables, fabriquées à partir de bois provenant de forêts gérées de manière responsable.

Nathan

Présentation

→ **Je lis un récit policier entrecoupé d'exercices de :**
français, maths, géo, sciences…

→ **Je résous des exercices**
qui permettent de reconstituer l'histoire.

→ **Je vérifie ma réponse :**
- elle est juste → j'accède à la suite de l'histoire ;
- elle est fausse → le corrigé me guide pour refaire l'exercice.

→ **Je consulte le mémo en fin d'ouvrage,**
il m'explique la notion abordée dans l'exercice.

→ **Je regarde la table des matières (p. 94-95)**
pour connaître tous les points du programme abordés dans les exercices.

→ **Je note les indices sur la page 93,**
un par chapitre, ils prouvent que l'enquête avance et que l'histoire est bien comprise.

Édition : M.T. Valakoon
Maquette de couverture : Team Créatif
Maquette intérieure : Julie Lannes
Composition : JPM sa

Louis le moineau

1 

Ça fait trois ans qu'on passe le mois de juillet à Pavasse-sur-Mer. Très précisément au camping des Flots bleus. Trois ans que je m'y enquiquine ferme. Papa prétend que les habitudes ont du bon, maman n'est pas contre. Et moi, à onze ans, je n'ai pas encore mon mot à dire. Ni Riki, d'ailleurs.

Riki, c'est mon chien. Corniaud pure race, comme dit papa. On l'appelle Riki, parce qu'il est tout petit. Rikiki, quoi. Je l'adore. À deux, on essaie de passer les vacances les moins tartes possible. Et Pavasse-sur-Mer, six mille habitants, réputée pour ses moules marinières et son casino, est bien placée au championnat du monde des villes archinulles. *Number one*, à mon avis.

Heureusement, il y a quelques menus* plaisirs.

Comme ce soir. Je me balade sur le sentier de la corniche**. J'aime bien cet endroit. On domine la plage, qu'on voit en contrebas, à travers les bosquets de pins. Le soleil est en train de sombrer peu à peu dans la mer, qui paraît s'embraser. C'est magique.

– Envie de te mouiller les pattes, Riki ?

Au frétillement de sa queue, je devine que c'est oui ! On dégringole un talus en pente, on saute un mur de briques à moitié écroulé. Quelques zigzags à travers des buissons épineux et mes pieds s'enfoncent enfin dans le sable. Riki est déjà loin devant. Je cours vers l'eau, battant des bras, les yeux fermés. Je suis un goéland qui va planer au-dessus des flots.

C'est alors que mes pieds rencontrent un obstacle et que je m'envole, justement. Mais un vol ultra-bref car la seconde d'après, mon menton percute*** le sol. Qui a dit que c'était mou, le sable ?

– Hé ! T'es dingue, toi !

Je me relève, à moitié sonné. J'ai marché sur quoi, là ? Une méduse parlante ?

---

* Adjectif qui signifie « petit ».
** Bord d'une falaise ou, plus généralement, route au bord d'un précipice.
*** Cogner.

Sur quel étrange animal le personnage a-t-il bien pu trébucher ?

Pour le savoir, trouve d'abord qui raconte l'histoire.

a. Un enfant.

b. Un adulte.

c. Riki.

Si tu as trouvé a. → Lis le n° 4.

Si tu as trouvé b. → Lis le n° 2.

Si tu as trouvé c. → Lis le n° 3.

2

Tu t'es trompé(e) : l'âge du personnage est indiqué.

→ Relis le début puis refais l'exercice du n° 1.

3

Non, Riki est un chien ! Relis attentivement le début de l'histoire et observe qui parle à la première personne du singulier.

→ Puis refais l'exercice du n° 1.

4

Bravo ! Le narrateur de l'histoire est bien un enfant. Il a onze ans.

→ Lis la suite au n° 5.

5

Ah, non. Je me suis cogné contre une fille. Le visage baigné dans la lumière pourpre, l'œil brillant de colère. Ses cheveux courts ont l'air de flamber. Je m'entends marmonner :

– Pas fait exprès…

– C'est ça. La prochaine fois, tu feras l'oiseau ailleurs.

Elle s'en va. Comme si je n'existais plus. Mais elle se retourne et, avant de s'évanouir dans la pénombre, lance :

– C'est une plage privée, ici ! Tu entends, moineau ? Privée !

Je croyais que la mer était à tout le monde, moi… Puis je devine la masse sombre d'une grosse villa, au-dessus. Une lumière s'y allume et une silhouette s'avance, à contre-jour.

– Tu parles avec quelqu'un, Lisa ?

Je m'aplatis au sol, volontairement cette fois. Pourvu que Riki ne rapplique pas. Je rêve, moi. Il est déjà là, jappant furieusement. Le genre : « Alors ? Tu viens te baigner ? »

En haut, on s'agite. On parle fort. J'entends même des aboiements rauques, autrement plus impressionnants que ceux de Riki. Ont-ils lâché des chiens ?

Les choses se gâtent… Le garçon va-t-il être la proie de féroces molosses ?

Pour le découvrir, relis le passage en couleur en observant bien les mots *baigné*, *flamber* et *marmonner*, puis complète les phrases avec la bonne terminaison.

- Le garçon a trébuch… sur Lisa.
- Riki veut jou… dans l'eau.
- Riki a son pelage mouill… .
- Lisa se met à cri… .

Si tu as écrit : er ; é ; er ; é → Lis le n° 8.
Si tu as écrit : é ; er ; é ; er → Lis le n° 7.
Si tu as écrit : é ; er ; er ; er → Lis le n° 6.

mémo 2

6

Attention, il s'agit ici de repérer les verbes à l'infinitif (en -er) et ceux qui sont des participes passés (en -é). Va vite consulter le mémo.

→ Tu peux refaire l'exercice du n° **5**.

7

Bravo ! Tu ne confonds plus participe passé et infinitif.

→ Lis la suite au n° **9**.

8

Faux ! Tu as inversé les participes passés et les infinitifs.

→ Consulte le mémo et refais l'exercice du n° **5**.

9

Jamais je n'ai couru aussi vite. J'ai l'impression d'avoir un turbo aux fesses. Même Riki n'arrive pas à me dépasser. Et pourtant il fonce, l'animal ! Ça y est, je suis sur le sentier et j'accélère encore. Ce n'est qu'à la grande route, qui mène au centre du bourg, que je m'arrête. Vidé. Le cœur façon marteau-pilon. Riki se serre contre moi, haletant. Lui aussi a dû avoir peur.

Je jette un coup d'œil derrière moi, tends l'oreille.

À part de lointains aboiements, rien à signaler. Si : mes jambes sont zébrées de griffures rougeâtres. Les buissons épineux du talus ont laissé de rudes traces.

Terminé pour ce soir. Je rentre aux Flots bleus. D'ailleurs, l'heure du couvre-feu a sonné, comme dit papa. Vingt et une heures pile au lit, quoi qu'il arrive.

Le camping, c'est comme à la maison. Papa bricole et mijote des petits plats, maman fait les courses et lit des romans. Ils sont ravis. Pas moi. Sans télé, ni école, ni copains, j'ai l'impression d'être sur une île déserte.

C'est dire si les événements d'hier soir m'emplissent la tête. En avalant mes céréales, ce matin, je ne cesse de penser à Lisa, la fille aux cheveux rouges. Si fort, même, qu'une voix tonne :

– Louis ! Tu m'entends quand je parle ?

Je reviens sur terre. Papa me montre un dépliant touristique.

– Je répète : ça te dit, une balade au château de Seignolle ?

Je grimace. Les visites avec les parents, ça m'emballe moyen. Eux, ils galopent, moi je traînaille. On n'a pas le même rythme.

– Euh… j'ai un foot avec des copains, p'pa.

Mon programme de la journée se résume à ceci :

revoir Lisa. Devant son air déçu, j'ajoute :

– Une autre fois, si tu veux…

Et j'enfile baskets, bermuda et T-shirt. Direction : la plage privée. À Riki qui veut me suivre, je lance :

– Toi, tu gardes la caravane, pigé ?

Non, le pauvre n'y comprend rien. Il s'assied sagement à côté de maman et me regarde partir, les yeux tristounets. Pas question d'emmener un partenaire aussi encombrant. Désolé, mon toutou.

C'est au pas de course que je rejoins la corniche. Il fait déjà chaud et j'apprécie l'ombre des pins. Je repère le mur de briques, en contrebas. Il est effondré par endroits, mais il mesure deux mètres de haut. Je n'avais rien remarqué hier soir, dans la pénombre. Je descends prudemment et m'accroupis à l'orée d'une brèche*. Là, j'écoute.

D'abord, il n'y a rien. Juste le froufrou de la brise dans les aiguilles de pin. Puis me parviennent les premiers bruits, que j'essaie de reconnaître. Une porte qu'on claque, un aboiement, des pas dans une allée. Est-ce Lisa ? Je tente d'apercevoir quelque chose, mais l'écran du feuillage est trop épais.

---

* Ouverture.

Louis va-t-il réussir à revoir Lisa ?

Avant de le savoir, calcule la distance qu'il a parcourue pour aller jusqu'à la maison, sachant qu'il a fait 5 000 pas de 50 cm.

a. 5 050 cm

b. 2 km 500 m

c. 25 km

Si tu as entouré a. → Lis le n° 15.
Si tu as entouré b. → Lis le n° 16.
Si tu as entouré c. → Lis le n° 18.

10 

Faux. Les cercles ne sont pas des quadrilatères.

→ Va lire le mémo et refais l'exercice du n° 16.

11 

Il fallait relier a.3, b.4, c.1, d.2.

→ À présent, lis le n° 13.

12 

Lisa sourit devant mon insistance – puis m'explique. *Elle*, c'est la gouvernante, Mme Lex. Une femme sévère. L'autorité même. Chargée par les parents de Lisa, le plus souvent en voyage, de veiller sur elle. La

surveiller serait plus exact. Comme si leur fille était une pièce de leur collection d'objets d'art. À mettre sous cloche.

– Même ici, en vacances, j'ai un programme réglé au quart de tour. Étude, lecture, sieste, balade. Au moindre accroc, je l'ai sur le dos. Dans le style garde-chiourme, on ne fait pas mieux. Je suis obligée de faire le mur pour lui échapper.

Drôle de vie. Finalement, j'ai plutôt de la chance,

moi, avec mes parents. Au moins me laissent-ils une paix royale. Surtout en vacances…

– T'es en prison, quoi ! je murmure.

– Une prison dorée, moineau. Papa et maman sont antiquaires. Même ici, à la villa Gabriela, où on ne vient que deux mois par an, il y a plein de belles choses, tu as vu. Je connais pire, non ?

Ça se discute. Moi, tout moineau que je suis, les cages m'insupportent. Et je m'apprête à le lui dire, quand la porte s'ouvre à toute volée. Un monstre !

Quel est donc ce monstre qui fait irruption ?

Pour le savoir, observe les mots en couleur dans le passage qui précède puis relie le sens figuré de chaque expression à sa signification.

a. Réglé au quart de tour.	•	• **1.** S'échapper, s'enfuir.
b. Avoir quelqu'un sur le dos.	•	• **2.** Laisser quelqu'un tranquille.
c. Faire le mur.	•	• **3.** Très bien organisé, très précis.
d. Laisser à quelqu'un une paix royale.	•	• **4.** Être surveillé constamment.

Si tu penses avoir relié correctement les expressions
→ Va au n° 11.

mémo
1

13

Ce qui vient d'entrer est un monstre ! Sauf que Lisa éclate de rire et lui saute au cou avant qu'il ne m'avale tout cru.

– Je te présente Ficelle.

Le cœur encore toquant, je regarde l'énorme terre-neuve.

– Salut, Ficelle. Moi, c'est Louis.

– Cette chienne est maline. Elle sait ouvrir les portes. Pas vrai, Ficelle ?

Aboiement bref. Ficelle sait parler, aussi. Je me demande si elle pourrait s'entendre avec Riki. Il faudrait tenter le coup.

Le temps passe. Lisa me montre ses livres, des photos. On papote. Ou plutôt on chuchote, le dragon n'étant pas loin. Puis on se quitte, car son planning dit : cours de pâtisserie. Mme Lex ne badine pas avec l'emploi du temps. Lisa et moi repartons à travers la grande bâtisse, l'œil en alerte, sur la pointe des pieds. Ma foi, j'aime assez l'exercice.

Avant de m'enfoncer dans la brèche du mur, je demande :

– On se revoit demain ?

– D'accord, moineau. Même heure, même adresse ! dit Lisa.

Et je m'envole d'un cœur léger. Mes vacances commencent à ressembler enfin à quelque chose.

Louis va-t-il enfin connaître des aventures ?

En effet, les vacances prennent une tournure inattendue grâce à la rencontre avec Lisa.
Mais que signifie : « Je m'envole d'un cœur léger » ?

- Louis trébuche et fait un nouveau vol plané !
- Louis rentre au camping très content.
- Louis voudrait savoir voler.

Recopie ta réponse :

C'est ton PREMIER INDICE. N'oublie pas de le noter sur ta page-indices, p. 93.

Maintenant → Va au chapitre 2 pour connaître la suite des vacances de Louis.

14 

Non. Un quadrilatère a toujours 4 côtés. Courage…

→ Lis attentivement le mémo et refais l'exercice du n° 16.

15 

On ne fait pas d'addition entre des pas et des centimètres… Il faut la même unité ! Pour 1 pas, Louis parcourt 50 cm ; pour 2 pas, Louis parcourt 2 × 50 cm…

→ Refais l'exercice du n° **9**.

16 

– Salut, moineau…

Le bond que je fais ! Lisa est derrière moi, l'air rieur. La honte m'embrase les joues.

– Pris en flagrant délit d'espionnage !

– J'espionnais pas, je… je…

Pas la peine d'insister. Cette fille m'enlève tous mes moyens. Elle s'engouffre dans la brèche en riant.

– Je t'emmène visiter mon royaume ! Mais surtout, silence, hein ! Silence total !

Je la suis, éberlué*. Comme dans un rêve. On sort à découvert devant un grand garage, surmonté d'une terrasse. Le doigt sur les lèvres, Lisa me montre un escalier, sur la droite. On trottine jusque-là. Monter les marches, s'enfoncer dans l'ombre d'une porte. Toujours en silence, toujours rasant les murs. C'est un jeu ?

* Très étonné.

Au bout d'un long couloir, elle m'arrête d'un geste.

– Je vais voir si la voie est libre. Attends.

Elle disparaît sur la pointe des pieds. Étrange attitude, non ? On dirait que Lisa n'est pas chez elle, ou qu'elle a peur. Mais de quoi ?

La voilà.

– C'est bon. Elle est en train de téléphoner.

– Qui ça, *elle* ?

Pas de réponse. Lisa me prend la main et m'entraîne. On court à petits pas à travers quelques pièces immenses. Je vois défiler tout un mobilier luxueux, moderne, très coloré. Dans un grand salon blanc, les murs sont couverts de tableaux. Il y a des sculptures, des trucs bizarres. Et même une magnifique statuette maya, devant laquelle je m'attarde un peu. Elle est en jade. Son visage est énigmatique, comme l'est cette maison. Un musée privé ? Après la plage, pourquoi pas ?

On aboutit dans une pièce sombre, dont Lisa ferme précipitamment la porte.

– Ici, on est tranquille. C'est ma chambre. Elle n'y vient jamais.

– Mais qui, Lisa, *qui* ?

– Comment sais-tu mon nom ?

– Tu ne veux pas me dire qui est cette femme ?

Mais qui est donc cette femme mystérieuse ?

Pour le découvrir, tu dois d'abord compter et nommer tous les quadrilatères visibles qui forment la maison de Lisa.

a. 1 losange, 1 rectangle, 2 carrés, 1 trapèze, 1 parallélogramme, 1 hexagone, 1 triangle.

b. 2 cercles.

c. 1 losange, 3 rectangles, 2 carrés, 1 trapèze, 1 parallélogramme.

d. 1 losange, 1 hexagone, 1 triangle, 1 trapèze, 1 parallélogramme.

Si tu as trouvé a. → Lis le n° 17.
Si tu as trouvé b. → Lis le n° 10.
Si tu as trouvé c. → Lis le n° 12.
Si tu as trouvé d. → Lis le n° 14.

mémo 12

17 

Tu t'es trompé(e) : toutes ces figures sont fermées et ont des côtés droits mais tu n'as pas compté leur nombre de côtés. Le triangle n'est pas un quadrilatère.

→ Lis le mémo et refais l'exercice du n° 16.

18 

Tu as fait le bon calcul mais tu t'es trompé(e) dans la conversion. Rappelle-toi : 1 km = 1 000 m et 1 m = 100 cm.

→ Refais l'exercice du n° 9.

2

L’odeur du vol

1 

Les jours suivants, je navigue entre la villa Gabriela et le camping des Flots bleus. La visite au château de Seignolle semble oubliée, heureusement. J’aimerais pourtant faire plaisir à papa. Plus tard, plus tard…

J’essaie aussi de passer du temps avec le pauvre Riki. À chaque fois que je pars, il me fixe avec des yeux de merlan frit.

Papa s’étonne que je ne l’emmène plus avec moi aussi souvent. Je réponds que c’est à cause du foot avec les copains. Riki est connu pour planter ses crocs dans tous les ballons de foot qui passent.

N’empêche. Je me sens coupable. D’abord parce que je mens à mes parents, ensuite parce que Riki s’ennuie, je le sais. Comment lui expliquer qu’il est interdit de séjour là où je vais ? Et que, moi-même, je dois marcher sur des œufs*… J'essaie, cependant. Il m'écoute, ses oreilles dressées. Il paraît comprendre. Je me promets de trouver une solution au plus tôt. Pas question de passer le mois de juillet à jouer les clandestins.

Mais pour l'instant, je ne vois pas.

Sans compter que je m'amuse beaucoup. J'ai pris goût au cache-cache avec Mme Lex dans la villa Gabriela. Cette atmosphère mystérieuse m'enchante. J'ai l'impression de vivre une aventure palpitante. Un vrai film. Et comme je m'entends vraiment bien avec Lisa, la situation n'est pas près de changer.

À moins qu'il n'arrive quelque chose d'extraordinaire.

* Être très prudent, faire très attention.

Les vacances de Louis vont-elles sortir de l'ordinaire ?

Madame Lex est-elle si terrifiante ? Louis ne l'a toujours pas rencontrée. Il se demande à quoi elle ressemble et quel peut être son âge.

Trouve l'âge de Mme Lex en observant ce nombre :

120 841 430

L'âge de Mme Lex correspond au nombre de millions divisé par le chiffre des centaines.

Écris ta réponse :

C'est ton DEUXIÈME INDICE. N'oublie pas de le noter sur ta page-indices, p. 93.

À présent → Lis le n° 6.

2

Tu en as oublié ! Relis attentivement le texte.

→ Retourne à l'exercice du n° 6.

3

Bravo ! L'Amérique du Sud est bordée à l'ouest par l'océan Pacifique et à l'est par l'océan Atlantique.

→ Rends-toi au chapitre 3 pour lire la suite.

4

Tu t'es trompé(e), il y en a plus.

→ Va lire le mémo et retourne à l'exercice du n° 6.

5

Faux ! La respiration est l'ensemble des deux mouvements effectués par les muscles respiratoires : l'inspiration et l'expiration.

→ Corrige ton erreur et refais l'exercice du n° 10.

6

En fait, jusqu'ici, rien de particulier. Notre mission du moment avec Lisa : ramener du frigo deux boules de glaces. Ça fait deux heures qu'on bavarde dans sa chambre et on a besoin d'action. J'ai opté pour le chocolat, Lisa pour la vanille. À la sortie de la chambre, Ficelle, qui vaquait à travers la villa, nous rejoint. Excellent. Le cas échéant, elle fera diversion*. C'est déjà arrivé. Elle aboie, fait mine de courir après un chat, n'importe quoi. Très complice, Ficelle. Mme Lex, énervée par cette masse hurlante de poils, est alors incapable de s'apercevoir de notre présence.

Cette fois, pas de gouvernante à l'horizon. Nous filons droit vers la cuisine. Dans le silence, on n'entend que le halètement sourd de Ficelle, qui nous précède.

* Créer un événement pour détourner l'attention.

Et qui soudain s'arrête, le museau en l'air, alertée par quelque chose d'invisible. Sans hésiter, elle se dirige vers l'escalier qui mène à l'étage. On se regarde, Lisa et moi. Qu'est-ce qui lui prend ?

On la suit. Ficelle se plante devant la chambre de Mme Lex et, la truffe au ras du plancher, renifle bruyamment en couinant.

Il y a du louche là-dessous. Du plus que louche.

Lisa me désigne un recoin sombre.

– Planque-toi. Moi, je vais voir.

Je m'exécute en râlant, mais Lisa a raison. Prudence. Elle fait d'abord taire Ficelle, d'une tape sur le museau. Puis elle colle l'oreille à la porte, écoute longuement. Trois petits coups sur le battant.

– Mme Lex ? Vous êtes là ?

Pas de réponse. Mais le silence sonne curieusement. Comme s'il était lourd de sous-entendus.

– Y a quelqu'un ? insiste Lisa.

Elle ouvre brusquement la porte et se fige sur le seuil, bouche bée. Ficelle se met à japper. Je jaillis de ma cachette. Ont-elles vu un fantôme ?

Qu'ont-elles bien pu voir derrière la porte ?

Avant de le découvrir, indique combien de pronoms personnels remplacent « Ficelle » dans la partie du texte qui est en couleur.

« Ficelle » est remplacé par :

a. 1 pronom.

b. 2 pronoms.

c. 3 pronoms.

Si tu as choisi a. → Lis le n° 4.
Si tu as choisi b. → Lis le n° 2.
Si tu as choisi c. → Lis le n° 8.

mémo 3

7

Dans la série que tu as choisie, un nombre est un multiple de 2 mais pas de 3.

→ Refais l'exercice du n° 14.

8

Il y en a bien 3 : « elle », « lui », « la ». Tu avais trouvé ?

→ Bravo ! À présent, va au n° 10.

9

Faux ! Pour comprendre tes erreurs, lis attentivement le mémo.

→ Retourne à l'exercice du n° 14.

10

Le corps qui gît* sur le plancher de la chambre, près du grand lit, est celui de Mme Lex. Comme elle est tournée vers le mur, et immobile, on craint le pire. Un foulard lui barre les cheveux, à la hauteur des oreilles. Lisa se précipite vers elle, s'agenouille, pose la main sur sa poitrine. Ça va, elle respire.

– Vous m'entendez ? C'est moi, Lisa !

Elle arrache le tissu qui lui obstrue la bouche. La gouvernante semble revenir à elle, aspire un grand coup. C'est alors que je remarque son poignet droit cerclé de fer, et relié à l'armature du lit. Des menottes. On a bâillonné et menotté Mme Lex !

Je me tiens en retrait, prêt à déguerpir au moindre

* Il gît : conjugaison du verbe « gésir » : être allongé.

signe de Lisa. Précaution désormais inutile, car elle me lance :

– Aide-moi à la relever, moineau.

Voilà. Mme Lex est maintenant assise sur le plancher, le dos contre le rebord du lit. Elle refait lentement surface. Ses yeux tiquent quand elle m'aperçoit. À l'évidence, je ne fais pas partie du paysage habituel.

– C'est Louis, mon copain, se sent obligée de dire Lisa. Que s'est-il passé, madame ?

Dans le regard de Mme Lex, il y a une lueur d'effroi et d'incompréhension. Elle respire mal.

**Mme Lex a l'air mal en point.
Va-t-elle réussir à retrouver
son souffle pour répondre à Louis et Lisa ?**

Pour le savoir, réponds aux questions suivantes par vrai (V) ou faux (F).

Quand on respire :

- À l'inspiration, l'air gonfle les poumons. ......
- Les alvéoles pulmonaires sont dans l'estomac. ......
- La respiration permet l'oxygénation du sang. ......
- Le mouvement inverse de l'inspiration est la respiration. ......
- À l'expiration, le gaz carbonique est rejeté par notre organisme. ......

Si tu as répondu V – F – V – V – V → Lis le n° 5.
Si tu as répondu V – F – V – F – V → Lis le n° 14.
Si tu as répondu V – F – V – V – F → Lis le n° 13.

mémo 14

11

– Louis ! Regarde sous le fauteuil ! s'écrit Mme Lex.

Je me penche et découvre un objet luisant sur la moquette. Une clé ! Et si… Je l'attrape et bingo ! les menottes s'ouvrent.

– Ça, c'est du superbol ! je fais. Le gars a dû…

La voix tonitruante de Lisa m'interrompt.

– La statuette maya ! Envolée ! Les fils d'alarme ont été sectionnés.

Mme Lex baisse la tête. Effondrée. Le regard qu'elle lance à Lisa se fait plus suppliant encore.

– D'accord, madame. Je dirai que le vol a eu lieu pendant notre absence. Mais à une condition.

Mme Lex ouvre des yeux ronds.

– Donnant-donnant, poursuit Lisa. Je garde le secret, mais à partir d'aujourd'hui, fini le planning ! Et je ne veux plus être surveillée comme une môme de cinq ans !

– Tes parents ne…

– À prendre ou à laisser, madame.

– C'est… c'est du chantage, Lisa.

– Un simple arrangement. Alors ?

Mme Lex dit : « Tu ne me laisses pas le choix. » Puis, sans ajouter un mot, elle s'est enfermée dans son cabinet de toilette.

– Gagné ! chuchote Lisa en serrant les poings.

À la voir aussi radieuse, on dirait qu'elle émerge d'un cauchemar. Moi aussi, ça m'arrange. Je vais pouvoir sortir de la clandestinité, amener Riki à la villa. Et arrêter de mentir.

– Tu viendras au camping voir mes parents ?

– Y a pas le feu, moineau. On a un vol sur le gaz.

Par quoi on commence l'enquête ?

Lisa est excitée comme un pou. Il faut que je la calme.

– Primo, on réfléchit. Deuxio, euh…

– C'est tout réfléchi. Deuxio, on fonce à la parfumerie. Go !

Ce que j'adore, avec Lisa, c'est son sens du dialogue.

Nos héros sont-ils sur une bonne piste ?

Tu le sauras si tu réponds à la question suivante.
La statuette maya a été fabriquée en Amérique du Sud.
Entoure le nom des océans situés autour.

a. L'océan Indien.
b. L'océan Pacifique.
c. L'océan Atlantique.
d. L'océan Arctique.

Si tu as entouré a. et b. → Lis le n° 12.
Si tu as entouré b. et c. → Lis le n° 3.
Si tu as entouré b., c., d. → Lis le n° 15.

mémo 15

12 

Tu t'es trompé(e). Les océans Pacifique et Indien se situent à la fois en Asie et en Océanie.

→ Regarde sur le planisphère du mémo puis refais l'exercice du n° 11.

13

Tu as fait deux erreurs. Consulte le mémo.

→ Retourne à l'exercice du n° 10.

14

– Un homme cagoulé, raconte Mme Lex. J'étais montée ici vers onze heures pour me reposer et il a surgi derrière moi. Il m'a menacé avec un couteau. J'ai dû lui donner des informations sur le système d'alarme de la villa. Puis il m'a bâillonnée, attachée. Je crois qu'il m'a fait respirer de l'éther car après, pffouit ! plus rien. Le trou noir.

Madame Lex paraît prendre conscience qu'elle est attachée au lit et dit nerveusement à Lisa :

– Ôte-moi ces menottes ! Elles me font mal.

– Si on trouve la clé, madame.

Je m'avance.

– Faudrait surtout appeler la police !

– Non ! crie Mme Lex. Non, par pitié !

Alors là, je ne comprends plus rien, moi.

D'une voix tremblante, la gouvernante explique :

– Tes parents, Lisa. S'ils apprennent ce qui est arrivé, ils me renverront.

– On ne vire pas quelqu'un parce qu'il a été assommé, madame !

– Je n'aurais jamais dû donner ces informations, Lisa. J'ai failli. Il ne faut pas que tes parents sachent ! Tu m'entends, Lisa ? Il ne faut pas ! J'ai trop besoin de ce travail.

Elle a presque hurlé, les yeux fous. Lisa hoche la tête, convaincue. Puis elle se dresse, sort de la chambre.

– Je fais un tour dans la maison, histoire de vérifier s'il y a eu des vols. Moineau, va voir dans le garage. Tu y trouveras une scie à métaux, pour les menottes.

Bonne idée. Comme chef de bande, Lisa est sensass. On descend ensemble au rez-de-chaussée.

– Tu as senti l'odeur, dans la chambre ? murmure-t-elle.

– Ça puait le parfum.

– Exact. C'est ce qui a attiré Ficelle. Et ce n'est pas celui de Mme Lex.

– Ça ferait un super indice, si on était détectives.

Lisa se met à rire.

– Justement, moineau, justement ! Je viens d'avoir une idée géniale.

Ah oui ? En la quittant pour aller fouiller le garage, je me demande ce que Lisa peut bien mijoter…

Je trouve rapidement l'outil, remonte quatre à quatre l'escalier. Je suis plutôt bricoleur, dans mon genre. Et

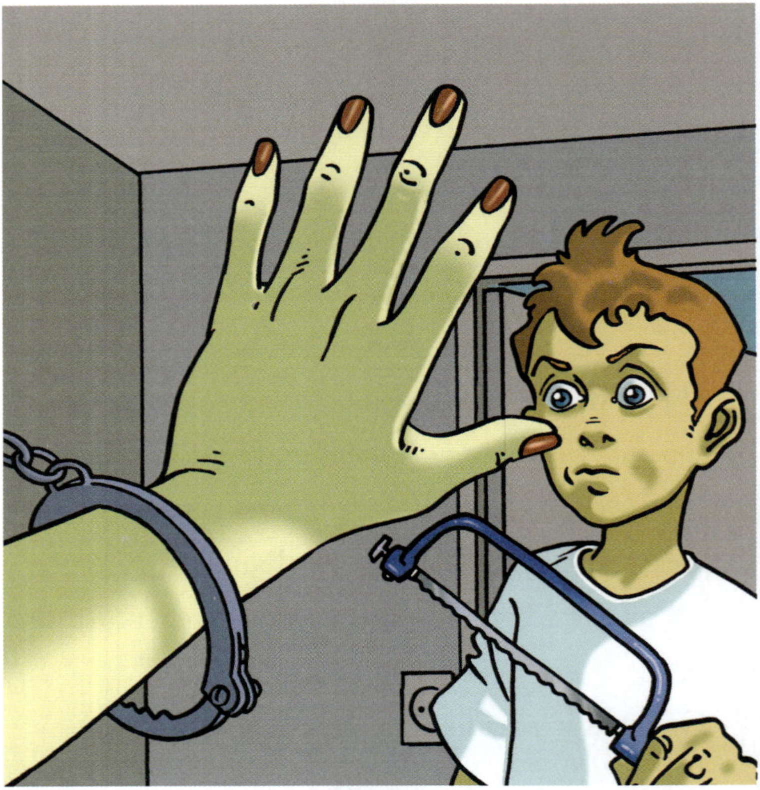

pas trop maladroit. Je me fais fort de scier la chaîne des menottes et de délivrer la pauvre dame. Mais au premier coup de scie, la lame casse. Le métal est beaucoup plus dur que je ne pensais.

– Je crois qu'il va falloir faire appel à un serrurier…

Mme Lex grimace.

– Pas question d'ébruiter l'affaire ! insiste-t-elle.

Soudain elle pousse un petit cri en fixant un point derrière moi.

Qu'a bien pu voir Mme Lex ?

Avant de l'apprendre, aide-la à ouvrir les menottes en coloriant en rouge les nombres qui sont à la fois multiples de 2 et de 3.

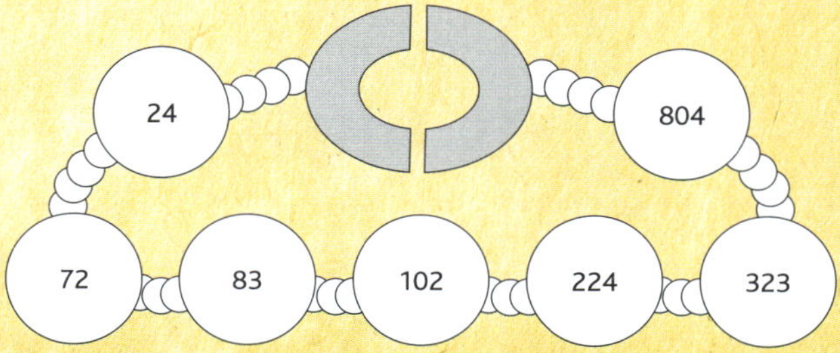

Tu as colorié :

a. 24 ; 72 ; 102 ; 804

b. 24 ; 72 ; 102 ; 224 ; 804

c. 24 ; 72 ; 83 ; 102 ; 804

Si tu as choisi a. → Lis le n° 11.

Si tu as choisi b. → Lis le n° 7.

Si tu as choisi c. → Lis le n° 9.

mémo 7

15

Ces trois océans entourent l'Amérique du Nord mais pas l'Amérique du Sud.

→ Retourne à l'exercice du n° 11.

Flair et mystère

1

La liberté, ça lui donne des ailes, à Lisa. Pourtant, c'est moi le moineau, non ? Je dois allonger le pas tant elle marche vite. J'essaie aussi de ne pas jouer les crétins.

– Tu sais reconnaître un parfum, toi ?

– Cette question ! s'exclame Lisa.

Ah, bon. Pas d'erreur : les filles, c'est différent des garçons. Pour moi, tous les parfums se valent : ils puent, point final.

– T'en fais pas. Celui qui flottait chez Mme Lex, je l'ai flairé à fond, comme Ficelle. C'est un parfum d'homme.

La boutique du *Lilas d'Argent* est toute petite. Quand on y pénètre, j'ai l'impression d'être un géant égaré chez les nains de jardin. Pas Lisa, très à l'aise.

Sous prétexte de retrouver le parfum d'un copain « ab-so-lu-ment gé-nial », elle fait sortir à la vendeuse un tas d'échantillons – renifle, hume à tour de nez, bref, inspecte la quasi-totalité du magasin. Hélas sans succès. Lorsque nous sortons, j'ai l'impression d'être ivre. La tête me tourne.

Lisa est déçue. Pensait-elle repartir avec l'adresse du cagoulé parfumé ?

– Si on tentait le coup chez les marchands de cagoules ? je fais.

– Idiot ! J'ai mieux : l'antiquaire ! Peut-être a-t-il entendu parler de quelque chose. Ou vu passer la statuette…

On peut rêver. Je suis la commissaire Lisa quelques rues plus loin. Jusqu'à une grande vitrine sombre, où luisent quelques toiles anciennes, des bibelots* de cuivre et d'argent. On entre.

L'antiquaire est un vieil homme très affable**. Non, il ne sait rien, n'a vu personne. Mais il prend soigneusement en note la description de la statuette. À tout hasard, dit-il.

Lisa est carrément de mauvaise humeur. Tout juste si elle ne reproche pas au bonhomme de ne pas être dans le coup ! Je lance une autre piste, histoire de la consoler (et de mériter mes galons d'inspecteur !) :

– Pourquoi Ficelle n'a-t-elle pas réagi quand le voleur a visité la collection d'art ? À ce moment-là, elle vadrouillait au rez-de-chaussée, pourtant.

À son œil qui s'allume, je sens que c'est une bonne question.

* Petit objet décoratif sans grande valeur.
** Poli et aimable.

Nos deux enquêteurs en herbe seraient-ils sur la bonne piste ?

Pour le savoir, résous d'abord ce problème.
Le Lilas d'Argent contient 109 étagères de 45 parfums.
Combien y a-t-il de parfums dans cette boutique ?

Si tu as trouvé 981 → Lis le n° 6.
Si tu as trouvé 450 → Lis le n° 12.
Si tu as trouvé 4 905 → Lis le n° 10.
Si tu as trouvé 154 → Lis le n° 9.

mémo 11

2

Il fallait écrire Vrai – Vrai – Faux – Vrai. → Va au n° 8.

3

Mais j'ai tort de m'inquiéter. C'est juste histoire de faire connaissance. Comme Riki, pas fou, s'est aplati comme une crêpe, Ficelle le regarde avec sympathie. Un bref aboiement et elle repart joyeusement. Ouf. Du coup, j'ôte la laisse de mon Riki. Amusez-vous, les toutous !

Lisa apparaît à son tour sur le perron. Les mains sur les hanches, elle me lance un regard mi-figue, mi-raisin.

– Trop tard, moineau. Tu arrives après la bataille.

Bataille ? Que veut-elle dire ? Je grimpe l'escalier. Sans un mot, Lisa a fait demi-tour. Je la suis dans le vestibule, où nous croisons Mme Lex, qui me salue d'un signe de tête. Elle est rayonnante.

– Un miracle ! marmonne-t-elle.

On entre dans le salon blanc. Et là, j'ai le souffle coupé net.

La statuette maya est de nouveau sur son socle.

– C'est toi qui… ?

Lisa éclate de rire.

– Pas moi, non ! *Il* est revenu ! Tu ne sens pas ?

Je hume l'air. Tiens, oui. Il me semble reconnaître

l'odeur de la veille. L'odeur du voleur.

– Mais pourquoi revenir ? Pourquoi rendre le butin ?

Lisa hausse les épaules.

– T'as entendu Mme Lex ? Un miracle !

Elle me raconte (avec un petit reproche dans l'œil) son enquête solitaire d'hier après-midi. Elle s'est vite lassée. Échec sur toute la ligne.

– Tu avais raison, moineau. Faut trouver autre chose.

Je sais. Galopant vers la porte d'entrée, restée ouverte, je siffle Riki. Les deux chiens arrivent à fond de train. Ils paraissent s'entendre comme larrons en foire.

– Viens, cabot. J'ai un job pour toi.

Je saisis la statuette maya et la colle sous la truffe de Riki.

– Cherche, mon vieux, cherche !

Sous le regard curieux de Ficelle qui croit à un nouveau jeu, Riki renifle à gauche, à droite, puis file en direction du jardin. C'est un champion, question flair. On suit à toute allure, Ficelle sur nos talons. Mon Riki se plante devant une grosse poubelle, sous un bosquet de pins. Il couine, comme il en a l'habitude quand il a trouvé ce qu'il cherche.

– Tu parles d'une piste ! dit Lisa en grimaçant.

Emportée par son élan, Ficelle bouscule la poubelle, qui valdingue* et se répand par terre. Nous révélant son aimable et odorant contenu.

Odorant, c'est le mot. Car sur le gravier blanc, au milieu des déchets et des sacs plastique, luit le ventre rond d'un vaporisateur à parfum.

– Merci qui ? Merci Riki.

Louis trouvera-t-il le voleur grâce à son chien ?

Pour connaître la suite, réponds à la question.
Mais pourquoi donc Louis remercie-t-il son chien ?

- La découverte du flacon peut permettre de remonter jusqu'au voleur.
- La poubelle est renversée. C'est sûr, ils vont se faire disputer !
- Louis n'a pas compris que c'est Ficelle qui a renversé la poubelle...

Écris ta réponse :

C'est ton TROISIÈME INDICE. N'oublie pas de le noter sur ta page-indices, p. 93.

À présent → Lis vite le chapitre 4 pour découvrir qui est ce mystérieux voleur.

* Tomber.

4

Non, tu n'as compté que ce qui est visible. Le cube, comme le pavé, contient 6 faces, 8 sommets, 12 arêtes. Compte le nombre de solides puis fais tes multiplications. Ensuite enlève les faces qui sont superposées.

→ Courage ! Refais l'exercice du n° 8.

5

Attention, certaines faces sont superposées (une même face peut appartenir à deux solides). Il ne faut donc pas les compter deux fois.

→ Refais l'exercice du n° 8.

6

Attention à la place des zéros dans une multiplication en colonnes. Consulte le mémo.

→ Refais l'exercice du n° 1.

7

Tu t'es trompé(e). François Ier utilise les premiers canons. Par conséquent, les châteaux peuvent être détruits sous les boulets. Mais ce roi est surtout connu pour avoir favorisé le développement des arts et de l'architecture (il fait construire en particulier le château de Chambord). As-tu trouvé à présent ?

→ Refais l'exercice du n° 11.

8

Je traîne un peu en ville, pas fier de moi. Avec l'impression d'avoir trahi Lisa. Ou est-ce elle qui a un sale caractère ? Je finis par retourner au camping, où je trouve papa penché sur le moteur de la voiture. Maman lit un magazine, allongée sur une chaise longue. Riki manque de m'étouffer en me faisant la fête. Tout cela me semble si tranquille ! Après l'atmosphère étrange de la villa Gabriela, ça m'apaise.

– Alors, ce foot ? lance papa, sans cesser son travail.

– Fait trop chaud, aujourd'hui. Je peux t'aider ?

Papa lève le nez, surpris. La mécanique et moi, d'ordinaire…

– Un problème, fiston ?

Maman se dresse, fait écho avec un : « Tu n'as pas l'air dans ton assiette, mon grand. » Même Riki m'observe avec inquiétude. Je les rassure tous d'un grand sourire. Tout en brûlant intérieurement de leur raconter ce que je viens de vivre, qui est un peu lourd pour moi. Bien entendu, je résiste. Lisa n'aimerait pas ça.

Plus tard, dans la soirée, je confie mes secrets à Riki. Aucune réaction de sa part. Je lui promets que le lendemain, il m'accompagnera à la villa. Ça, il comprend. Sa queue se met à fouetter le sol.

La nuit, je fais un rêve bizarre. Un homme cagoulé vient à ma rencontre en marchant à grands pas. Lorsqu'il est devant moi, il se démasque. Il a le visage terrifiant de la statuette maya… Et il éclate d'un rire atroce.

Je me réveille plusieurs fois en sueur. Heureusement, Riki dort contre moi. Sa chaleur me rassure.

Ce matin, j'ai un pressentiment. Quelque chose m'oppresse. Peut-être ce mauvais rêve…

Ce pressentiment est-il justifié ?

Tu le sauras si tu trouves le nombre de faces, sommets et arêtes que contient cette statuette maya schématisée.

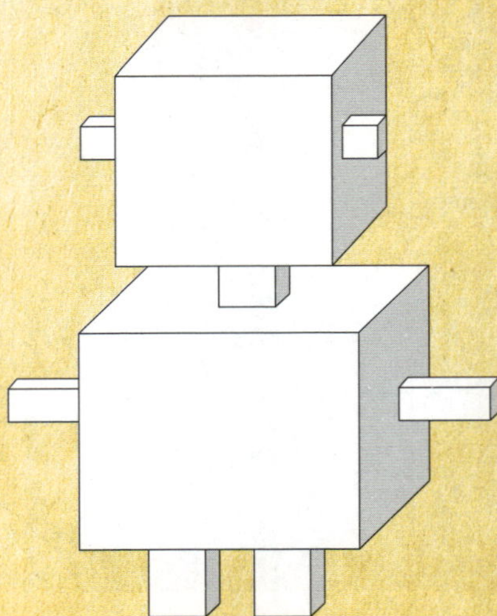

a. 54 faces ; 72 sommets ; 108 arêtes.

b. 46 faces ; 72 sommets ; 108 arêtes.

c. 22 faces ; 33 sommets ; 53 arêtes.

Si tu as choisi a. → Lis le n° 5.

Si tu as choisi b. → Lis le n° 11.

Si tu as choisi c. → Lis le n° 4.

mémo 13

9

Tu t'es trompé(e) d'opération. C'est une multiplication qui t'aidera à résoudre ce problème.

→ Alors, va vite refaire l'exercice du n° 1.

10

La réponse est évidente. On la formule tous les deux en chœur :

– C'est que Ficelle connaît le voleur, pardi !

Ça, c'est une piste ! Et une fameuse. On fête aussitôt l'événement en achetant deux chocolatines dans une boulangerie. On s'assied pour les dévorer sur un muret, juste en face de la mer. La mer, qu'on a un peu oubliée, avec tout ça.

– On va se baigner ? je lance, en avalant ma dernière bouchée.

– Il est fou, lui ! On se baignera une fois l'affaire bouclée. Pas avant.

– Bien, commissaire.

Elle rit. De chaque côté de sa bouche, deux fossettes se creusent. Très mignon, je trouve. À vrai dire, la mer, je m'en contrefiche. Ce qui m'importe, c'est d'être avec Lisa, de la voir, de l'entendre. Et je crois bien que de son côté…

Elle est déjà en train d'énumérer les connaissances de Ficelle. Comme elles se confondent avec celles de la famille, elles sont très nombreuses. Même le facteur et le livreur de l'épicerie sont dans le lot. Il en faut plus pour effrayer Lisa.

– On va rendre visite à tous ces gens. Celui qui

cocotte le parfum que tu sais est le bon numéro. CQFD*.

– Ça va être long.

– Tu as une autre solution ?

Je fais la moue. Renifler des gens que je ne connais pas, très peu pour moi. C'est plutôt un boulot pour Riki.

– Je vais en parler à mon chien. Il a sûrement un avis sur la question.

Lisa fronce les sourcils, boudeuse.

– Bon ! Je me débrouillerai seule ! lance-t-elle. Et elle s'enfuit en courant, sans me laisser le temps de réagir.

Dans la catégorie andouille, j'ai gagné le gros lot !

Lisa est-elle en colère ?

Pour le savoir, réponds aux questions par *vrai* ou *faux*.

- Ficelle connaît le voleur. ....
- Le voleur porte un parfum d'homme très reconnaissable. ....
- Le facteur et le livreur de l'épicerie sont complices du vol. ....
- Louis et Lisa se disputent car ils ne veulent pas enquêter de la même façon. ....

À présent → Lis le n° 2 pour voir si tu n'as pas fait d'erreur.

* Ce Qu'il Fallait Démontrer.

11

Le petit déjeuner avalé, je file avec Riki à la villa. J'ai envie de revoir Lisa – et besoin de me réconcilier avec elle. Est-on vraiment fâché ?

Cette fois, je me plante devant le portail principal. Je tiens Riki en laisse, car j'ignore comment va réagir Ficelle. Je sonne. Les secondes s'égrènent puis l'interphone grésille un « oui ? » presque inaudible. Lisa ou Mme Lex ? Je lance :

– C'est moi. C'est Louis.

Déclic. Le portail s'ouvre lentement, dans un ronronnement électrique. Quelle baraque ! J'ai l'impression de pénétrer dans un château fort. Manque plus que le pont-levis…

On entre prudemment, Riki et moi, tout en lorgnant la porte qui surplombe le grand escalier de pierre. Mais c'est du jardin que Ficelle déboule en trombe. En trois bonds, elle est sur Riki. Elle va en faire une bouchée !

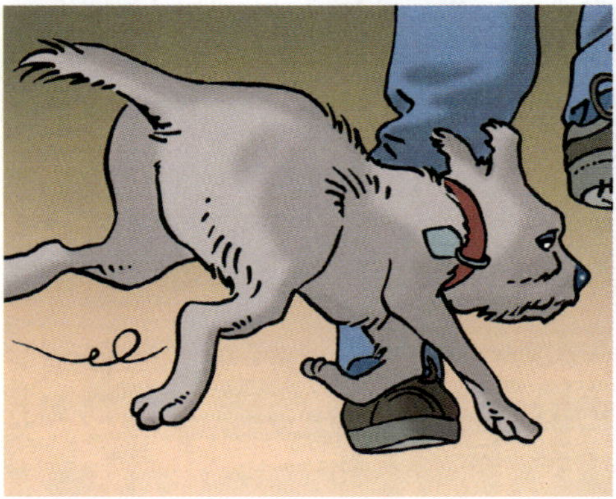

– Ficelle ! Non ! je hurle.

Ficelle va-t-elle dévorer Riki ?

Si tu veux le savoir, relie d'abord chaque fortification à son personnage et à son époque.

a. Grands remparts Pas de fenêtres Pont-levis Fossés	**1.** Vercingétorix	**A.** Antiquité
b. Pas de remparts Nombreuses fenêtres Pas de pont-levis Jardins ouverts	**2.** Philippe Auguste	**B.** Renaissance
c. Oppidum Barricades en bois Place fortifiée Colline	**3.** François Ier	**C.** Moyen Âge

Si tu as relié a 2 C / b 3 B / c 1 A → Lis le n° 3.

Si tu as relié a 3 C / b 2 B / c 1 A → Lis le n° 7.

12 

Non, fais attention à la place des zéros.

→ Retourne à l'exercice du n° 1.

4 

Interdit aux mineurs

1 

Pirate. C'est le nom du parfum. Un nom de circonstance, qui fleure* l'aventure, la poudre à canon, les Caraïbes. J'imagine notre homme affublé d'un bandeau sur l'œil et d'une jambe de bois ! Idéal pour le repérer.

– Bon, moineau, tu rêves ou quoi ?

Lisa est surexcitée. Persuadée qu'on va remonter la piste du voleur avec cette découverte. Elle est en train d'inspecter le flacon sous toutes ses coutures. En prenant soin de le tenir délicatement, pour ne pas effacer les empreintes éventuelles. Une pro de l'enquête, Lisa. D'ailleurs, elle fait les questions et les réponses, c'est pratique.

* Sentir, émettre un parfum.

– Pourquoi avoir jeté le flacon ici, justement ici ? Et à moitié vide ? Parce que le voleur n'a plus besoin de se parfumer, voilà ! L'odeur devait masquer autre chose ! Mais quoi ?

Elle se tourne vers moi, qui l'écoute avec émerveillement :

– Ton avis, moineau ?

Mais j'ai à peine le temps d'ouvrir la bouche qu'une voix furieuse claque derrière nous.

– Seigneur ! Qu'est-ce que vous faites !

Mme Lex nous contemple, accroupis au milieu des déchets, comme si on avait perdu l'esprit. Ses yeux fulminent*. Lisa bredouille :

– C'est… c'est Ficelle, madame. Elle…

Impossible d'en dire plus. Terminé, la petite dame larmoyante d'hier. Mme Lex a retrouvé son punch. Tout juste si elle ne nous flanque pas la fessée !

– Fouiller dans les détritus ! Je vous demande un peu ! grogne-t-elle.

On bat en retraite précipitamment. Lisa a pris soin d'enfourner le flacon dans sa poche. Un indice pareil, ça se garde.

Je me retourne, avant d'entrer dans la villa.

---

* Lancer des éclairs et, par extension, être en colère.

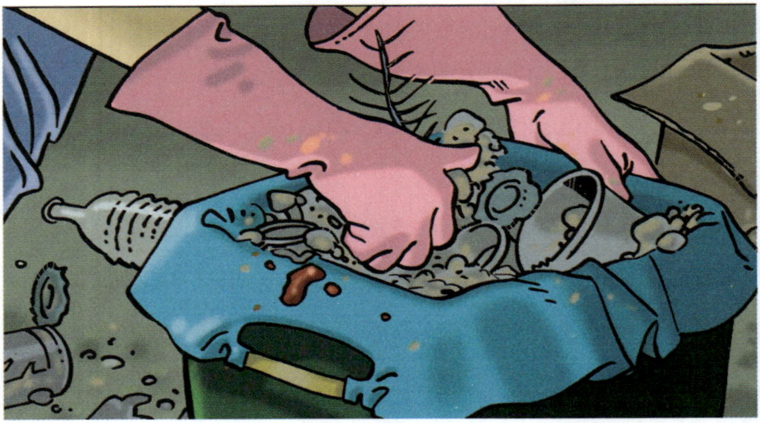

Mme Lex a enfilé des gants de ménage et entreprend de regarnir la poubelle. Sympa.

De retour au camping, je réussis à expédier le repas familial en douze minutes et à repartir au petit trot vers la villa. Malgré maman et papa qui tentent un interrogatoire en règle, auquel je réponds par monosyllabes. Ils n'insistent pas. Papa m'arrache quand même la promesse de les accompagner au château de Seignolle, le lendemain.

J'ai des parents hypercool.

Riki sur les talons, je cours à présent vers Lisa, que j'ai quittée dans un grand désarroi, le flacon à la main.

Sans compter que Mme Lex a annoncé, juste avant mon départ, que la sieste redevenait obligatoire. Elle a même fixé Lisa dans les yeux en disant : « Chantage ou pas ! »

Le retour de la statuette l'a remise en forme, on dirait. Je ne vais pas laisser Lisa seule dans les griffes de cette mégère !

À parler du loup… La silhouette de Mme Lex s'est soudain matérialisée à un coin de rue. Je me jette dans l'ombre d'un porche, avec Riki. Elle marche à grands pas, d'une allure décidée. Je lui emboîte le pas. D'après Lisa, elle quitte rarement la maison. Où va-t-elle donc ?

Mme Lex semble très pressée. Où va-t-elle ?

Tu es impatient(e) de le savoir ?
Indique d'abord quels groupes nominaux du texte contiennent des compléments du nom.
Entoure les numéros.

1. la poudre à canon
2. un bandeau sur l'œil
3. une jambe de bois
4. un besoin de se parfumer
5. écoute avec émerveillement
6. repartir au petit trot
7. un interrogatoire en règle
8. le château de Seignolle
9. un grand désarroi
10. les griffes de cette mégère

À présent → Va vérifier ta réponse au n° 5.

mémo 4

2

Gagné. La gouvernante est assise en face d'un homme, imposant, que je distingue mal. Je rase les murs. Un paravent me permet de les approcher. De les entendre, surtout.

– Je n'ai plus rien, Fred.

– C'est ça ! Je connais la chanson.

– Mais enfin, comment veux-tu…

– Débrouille-toi ! J'ai besoin de ce fric…

La voix de l'homme est rauque, menaçante. Je suis en plein film, là. Mais il est dit que je n'en saurai pas la fin, car un serveur m'a repéré et fonce droit sur moi. Houlà, il faut que je décroche, moi.

Heureusement, un moineau, ça vole vite. Un crochet pour éviter le serveur, et je dévale l'escalier. La tête du portier quand je sors en courant de la salle de jeux !

– Dis donc, toi ! hurle-t-il.

Apparemment, il ne sait dire que ça.

Riki m'attend sagement dehors, la boule de papier posée entre ses pattes. Pas le temps de jouer, toutou. Mieux vaut ne pas s'attarder dans le coin.

Villa Gabriela. Je sonne, bafouille mon nom dans l'interphone.

Lisa est déjà là, avec Ficelle, avant même que la

porte coulisse. Elle semble contente de me revoir, impatiente sans doute de poursuivre notre enquête. On s'installe dans sa chambre. En deux mots, je la mets au courant de ma récente aventure. Elle ouvre des yeux ronds.

– Ce type la ferait chanter ?

– J'en sais rien. Elle a l'air de le connaître. Ils se tutoient…

– Pourquoi un rendez-vous au casino ?

Bonne question. Curieux, pour une spécialiste des sermons en tous genres, de fréquenter les casinos, non ? Mais la personnalité de Mme Lex est sans doute plus complexe qu'elle n'en a l'air. Ça s'est vu. Maman dit toujours que l'habit ne fait pas le moine.

Et elle s'y connaît en fringues : elle est couturière.

– Dis, moineau, tu crois que ça a un rapport avec le vol de la statuette ?

– Ça fait beaucoup de questions, commissaire…

Le bruit du portail nous interrompt. Mme Lex vient de rentrer. On la guette par la fenêtre. Elle semble préoccupée, lasse.

– À partir de maintenant, on ne la lâche plus, dit Lisa. On épie tous ses faits et gestes.

OK, boss. Les filatures, j'adore.

La voix de Mme Lex résonne soudain dans le salon. On se regarde, surpris. À qui parle-t-elle ?

Que cache Mme Lex ?

Décidément, cette Mme Lex est de plus en plus bizarre. À ton avis, pourquoi va-t-elle au casino ?

- Elle est payée par Fred pour chanter.
- Elle joue de l'argent avec son ami Fred.
- Elle va parler argent avec un dénommé Fred.

Écris ta réponse :

C'est ton QUATRIÈME INDICE. N'oublie pas de le noter sur ta page-indices, p. 93.

→ Lis à présent la suite au n° 3.

3

On s'approche de la porte du salon, l'oreille aux aguets*. La gouvernante est en train de téléphoner.

– N'insiste pas, Fred. C'est fini. Fini, comprends-tu ?

On entend comme un sanglot étouffé, puis :

– Arrête ! Je… je suis ta sœur, tout de même ! Comment oses-tu me…

Un *clic*. Ses pas claquent sur le carrelage, s'évanouissent.

Sa sœur ! Si on s'attendait à ça ! Lisa court au téléphone, pianote le combiné, le cale sur l'oreille. Pratique, la touche *bis*. Quand elle raccroche, elle est perplexe.

« Je sais que c'est toi qui rappelles, Liliane. T'as des remords, hein ? Faut qu'on se voie, je te dis. Au phare, à dix-huit heures. T'as intérêt à y être. »

Je mets dix secondes à comprendre que Lisa me répète ce qu'elle vient d'entendre.

Si ce n'est pas une piste, je veux bien manger ma casquette.

Avec ses zébrures rouges et blanches, le phare ressemble à un énorme sucre d'orge. Il est planté au bout de la jetée, face à la mer. Impossible de le louper. Drôle d'endroit pour un rendez-vous discret, surtout

---

* Être très attentif, tendre l'oreille.

à cette heure. Blottis derrière une pile de caisses, on attend. Les chiens sont restés à la villa, vautrés sur le lit de Lisa.

Des gens vont et viennent, des familles, des couples. On repère les hommes seuls, on fait des paris. Rien. Notre excitation retombe un peu. Le temps passe.

Dix-huit heures trente. À part un groupe de touristes braillant et gesticulant, personne n'a emprunté la jetée menant au phare. Bizarre, non ? C'est alors que j'ai une brusque illumination. J'attrape la main de Lisa et l'entraîne dans une petite rue qui s'ouvre sur le port.

– Je sais où est notre bonhomme !

Où Louis va-t-il emmener Lisa ?

Avant de le savoir, observe les deux zones balayées par la lumière du phare et entoure la bonne réponse.

La zone X et la zone Y ont :

a. des périmètres et des aires différents.

b. des périmètres égaux et des aires différentes.

c. des périmètres différents et des aires égales.

Si tu as entouré a. → Lis le n° 12.

Si tu as entouré b. → Lis le n° 4.

Si tu as entouré c. → Lis le n° 8.

4

Tu t'es trompé(e). La surface (l'aire) est la même pour les deux zones.

→ Refais l'exercice du n° 3.

5

Il fallait entourer : 1 – 3 – 4 – 7 – 8 – 10. Si tu as réussi, bravo !

→ Sinon, va consulter le mémo avant de lire le n° 10.

6

Attention ! « de la » est un article partitif. C'est donc un seul déterminant composé de deux mots.

→ À présent, lis le n° 9.

7

Attention ! Es-tu sûr(e) que ces fractions décimales correspondent à un nombre entier ?

$\frac{42}{10} = 4{,}2$; $\frac{8}{10} = 0{,}8$.

→ Lis le mémo puis refais l'exercice du n° 10.

8

Lisa me suit sans poser de question. Sa main dans ma main est tiède, douce. Au bout d'une longue course, on s'arrête, le souffle court. Je montre un café dont l'enseigne fait bondir Lisa.

Le Phare.

À l'intérieur, hélas, peu de monde. Et aucun homme seul, sauf le patron, derrière son bar, qui nous dévisage d'un air sévère.

Le retour est du genre silencieux. Piteux, pour tout dire. La commissaire Lisa et son adjoint ont été lamentables. Une occasion pareille ne se représentera pas de sitôt. La-men-ta-bles ! Pour un peu, je me flanquerais des baffes.

Lisa calme le jeu. Le frère de la gouvernante n'a peut-être aucun rapport avec le vol. Mme Lex a le droit d'avoir une vie privée mouvementée.

D'accord, commissaire. Mais je jurerais que les deux choses sont liées.

On revient par la corniche, pour changer. Une petite promenade en tête à tête, moi j'aime bien. Je n'ose pas reprendre la main de Lisa. Tout à l'heure, dans le feu de l'action, oui, mais là…

On saute la brèche du mur et, à travers les buissons, on rejoint la villa. Des voix nous arrivent soudain.

– Ça vient du portail, murmure Lisa.

On bifurque dans sa direction, le cœur battant. De nouveau sur une piste. Quelle qu'elle soit…

Le portail est fermé. Pourtant, quelqu'un parle, derrière. Et tout seul, dirait-on. On s'approche à pas de loup, l'oreille tendue. Cette fois, c'est l'interphone qui grésille.

– Comme tu veux… À minuit, en bas, oui. Mais ce sera la dernière fois, Fred. La dernière !

– Je te le jure !

J'aimerais escalader le portail pour jeter un œil, mais il est trop haut. C'est rageant !

Le type qu'on cherche est là et pas moyen de l'apercevoir. Ses pas s'éloignent déjà sur le trottoir. Et avec un mécanisme d'ouverture aussi lent, il aura disparu avant qu'on puisse sortir. Encore raté.

On rentre, la tête basse. À peine dans le couloir, un bruit nous fait sursauter. On se faufile jusqu'au salon. Debout devant la baie qui domine le portail, Mme Lex sanglote convulsivement, le front contre la vitre.

Décidément, la vie de Mme Lex semble bien compliquée...

Pour savoir ce qui la met dans cet état, compte les déterminants dans la partie du texte en couleur. Combien en trouves-tu ?

Si tu as trouvé 6 déterminants → Lis le n° 11.
Si tu as trouvé 7 déterminants → Lis le n° 9.
Si tu as trouvé 8 déterminants → Lis le n° 6.

mémo 6

9 

Bravo ! **le** jeu, **le** frère, **de la** gouvernante, **aucun** rapport, **le** vol, **le** droit, **une** vie : 7 déterminants !

→ Va vite à présent au chapitre 5 !

10

C'est drôle, une filature. Galoper en zigzag, se faufiler derrière un réverbère, s'aplatir par terre si on est à découvert. Riki m'imite à la perfection, collé à mes basques. Mme Lex débouche bientôt sur le port. À cette heure-ci, les quais sont déserts. La gouvernante file vers un énorme bâtiment où clignotent des lettres bleues. *Casino municipal.* Rien que ça ! Et elle grimpe le grand escalier blanc comme si elle avait fait ça toute sa vie. Je suis soufflé. Mme Lex, jouer à la roulette ? Ça ne lui ressemble pas.

À mon tour je monte les marches de marbre. En haut, une porte à tambour nous avale et nous recrache à l'intérieur. Une immense galerie me fait face. Moquette rouge, essaim de lustres au plafond, glaces dorées à l'infini. Tout est impressionnant. Même le portier, aussi large que haut, planté à côté de l'entrée de la salle de jeux, sur la droite. *Établissement interdit aux mineurs*, dit un panneau.

Pas idéal pour une filature. Du coup, la gouvernante a disparu. Zut.

Il faut absolument que j'entre, moi. Comment faire ? Ah, je sais.

On s'abrite derrière un énorme pilier et j'attrape un prospectus qui traîne sur une tablette. J'en fais une boule bien dure, que je flanque sous le nez de Riki. Sa queue s'agite illico. Il a compris.

– Va chercher, Riki !

Et je balance la boule très loin, dans la galerie. Démarrage immédiat de Riki qui passe sous le nez du portier en couinant.

– Dis donc, toi ! crie l'homme, qui se met à le courser.

L'inspecteur Louis en profite pour s'engouffrer dans la salle de jeux. Hop ! pas plus difficile que ça.

Il y a beaucoup de monde à l'intérieur. Mais pas de Mme Lex aux tables de jeu, ni devant les machines à sous. À l'étage, des gens sont attablés. Je grimpe l'escalier, je jette un coup d'œil.

Que va découvrir Louis en haut de l'escalier ?

Pour le savoir, aide-le à monter rapidement les marches en coloriant les nombres entiers qui sont écrits sous forme de fraction décimale.

A	B	C	D	E	F
$\frac{42}{10}$	$\frac{300}{300}$	$\frac{2\,300}{100}$	$\frac{8}{10}$	$\frac{20}{10}$	$\frac{60}{100}$

Si tu as colorié B – C – E → Lis le n° 2.
Si tu as colorié A – D – F → Lis le n° 7.

mémo 8

11

Faux ! Tu as oublié d'en compter.

→ Recommence l'exercice du n° 8.

12

Tu t'es trompé(e) dans tes calculs. Le périmètre est la longueur du contour d'une figure, et l'aire sa superficie (l'intérieur de la figure).

→ Essaie de refaire l'exercice du n° 3.

5

Bain de minuit

1 

J'ai un vrai problème, moi. Comment être présent à minuit à la villa Gabriela ? Inventer un match de foot nocturne ? Ça ne marchera jamais. Mettre les parents au parfum* ? Je les connais : ils alerteront la police, les pompiers, et me séquestreront dans la caravane jusqu'à la fin des vacances.

Reste à m'échapper sur la pointe des pieds. Je me suis couché tout habillé. Deux heures à attendre, crispé dans mon duvet. À guetter si les parents dorment bien. Heureusement, papa ronfle, c'est pratique.

* Mettre quelqu'un au parfum : l'informer, lui donner des renseignements.

Vingt-trois heures trente. C'est le moment. J'attrape mon chien, qui dort à mes pieds, et je sors en retenant mon souffle. Papa étant un parfait bricoleur, la porte de la caravane ne grince pas. Merci, p'pa.

Tout va bien. Au trot, maintenant. On avale le parcours en quelques minutes. Lisa m'attend près de la brèche, les yeux brillants.

– Elle regarde la télé au salon. Viens !

On se met en planque dans un massif d'hortensias. À mi-chemin entre les deux seules issues possibles : le portail ou la brèche dans le mur. Il ne s'agit pas de rater Mme Lex. *En bas*, a-t-elle dit tout à l'heure. Vu la situation de la villa, sur les hauteurs, on ne peut pas faire plus vague.

– Où est Ficelle ?

– Elle dort.

La lumière du salon s'est éteinte. J'interdis à Riki de pousser désormais le moindre soupir. Lisa et moi, on s'allonge par terre. À la sentir si proche de moi, j'ai le cœur qui tambourine. Pourvu qu'elle n'entende rien.

Bizarre. Un moment plus tard, toujours rien. Mme Lex aurait dû apparaître sur la terrasse. Je regarde ma montre : minuit cinq. Il y a quelque chose de louche, là.

Tu te demandes où est passée Mme Lex…

Pour le savoir, relie d'abord chaque type de côte à ses caractéristiques.

a. côtes rocheuses •	• **1.** plages de sable, dunes
b. côtes à falaises •	• **2.** petits massifs montagneux qui continuent dans la mer
c. côtes sableuses •	• **3.** plateaux qui se terminent par un versant abrupt

Si tu as relié a.3. – b.2. – c.1. → Lis le n° 9.
Si tu as relié a.2. – b.3. – c.1. → Lis le n° 4.

2 

Tu as commis plusieurs erreurs. L'adjectif qualificatif est attribut lorsqu'il est séparé du sujet par un verbe d'état. Consulte le mémo.

→ Retourne à l'exercice du n° 10.

3 

Madame Lex raconte.

C'est elle qui vole la statuette maya, après avoir coupé l'alarme. Petite mise en scène, qui la disculpe* : elle répand dans la chambre quelques nuages du fameux parfum d'homme, puis se bâillonne elle-

* Prouver que quelqu'un est innocent.

même, se passe les menottes. La clé est balancée sous le lit, ce qui permettra que je la délivre un peu plus tard. Ensuite, elle nous convainc de ne pas appeler la police. Puis, ignorant qu'on s'est mis en tête de résoudre le mystère, Mme Lex se débarrasse du vaporisateur sans aucune précaution. Plus tard, elle ne s'apercevra même pas que le flacon a disparu de la poubelle.

Tandis qu'on démarre nos recherches, elle met l'œuvre en dépôt, dans un établissement spécialisé. En échange, elle reçoit de l'argent. Beaucoup moins que sa valeur, mais assez pour tenter sa chance au casino. Elle joue et l'incroyable arrive : elle gagne gros ! Grâce à ses gains, elle récupère la statuette et la remet en place. Le reste de l'argent ira à son frère, qu'elle rejoint au casino. Fred pourra rembourser ses dettes.

Fin de l'aventure, pense-t-elle.

Sauf qu'évidemment Fred joue la somme. Et perd tout. Quelques heures plus tard, il redemande de l'aide. Mme Lex va le voir au casino, tente de le convaincre d'arrêter. Peine perdue. Il se fait insistant. Après le rendez-vous manqué au *Phare*, il vient à la villa. Paniquée, Mme Lex lui promet de l'aider une dernière fois.

Pour la suite, on était aux premières loges.

– L'aider ? Mais comment ? Vous n'avez pas d'argent, dit Lisa.

– Je voulais lui donner mes bijoux. Il m'a ri au nez. Puis la colère est montée et…

Mme Lex s'interrompt, la figure noyée de larmes. Elle se tourne vers Lisa.

– Tu… Tu vas prévenir la police ?

Quelle sera la décision de Lisa ?

Si tu veux l'apprendre, choisis la bonne réponse.
Mme Lex a gagné au casino 325 400 euros.
En lettres, cette somme s'écrit :

a. trois cent vingt-cinq milles quatre cents euros.
b. trois cent vingt-cinq mille quatre cents euros.
c. trois cents vingt-cinq mille quatre cents euros.

Si tu as choisi a. → Lis le n° 8.
Si tu as choisi b. → Lis le n° 7.
Si tu as choisi c. → Lis le n° 12.

mémo 9

4

Un ronronnement lointain nous arrive. Et Lisa se frappe le front. *En bas !* C'est de la plage qu'il s'agit ! Il n'y a pas plus tranquille, comme lieu de rendez-vous… Mme Lex a dû passer par la porte de derrière !

On file à travers les buissons épineux.

Ça y est, je les vois. Deux silhouettes se découpant sur la surface miroitante de l'eau. L'une est frêle, l'autre, celle de l'homme, massive, comme menaçante. J'aperçois aussi la forme sombre d'un petit canot à moteur, qui tangue sur les vagues. On rampe lentement vers eux. Le bruit de la mer nous empêche d'entendre ce qu'ils se disent.

Soudain, ça se gâte. L'homme, qui s'est mis à crier, lève la main vers la femme. Louis, mon garçon, il faut intervenir.

– Attaque, Riki, attaque !

Mais j'ai beau pointer le doigt vers la mer, rien n'y fait. Riki, aplati façon carpette, ne bouge pas d'un poil. Froussard ! Alors je me dresse et je dévale la pente sableuse en hurlant :

– J'arrive, Mme Lex ! Tenez bon !

Prétendre que je bouscule l'homme serait mentir. Disons que je m'écrabouille sur lui comme une figue molle, pas plus. Dans la seconde qui suit, deux mains énormes m'empoignent et je me mets à voler. Comme le premier soir. Sauf que c'est dans l'eau que j'atterris, cette fois. Du coup je bois une méchante tasse. Salée, la flotte ! Lorsque j'émerge, la scène qui se déroule sur la plage me cloue sur place : Lisa est accrochée au dos du type, et Riki à sa jambe de pantalon. Quant à Mme Lex, elle distribue des coups de sac à main dans le tas. Hallucinant.

Je m'arrache du spectacle pour aller jusqu'au canot, avec une idée en tête : empêcher l'homme de partir. Sans canot, plus de fuite possible. Je me hisse dans l'embarcation, me traîne jusqu'au moteur. Il suffirait de dévisser un boulon ou de vider le réservoir d'essence ou…

Pas de chance. Le type a dû se débarrasser de ses trois adversaires, car le canot tangue lourdement tandis qu'il grimpe à l'intérieur. D'une simple poussée il me bouscule et lance le moteur. Le bateau bondit. Avec moi, empêtré au fond ! Impuissant ! Et otage !

Que va devenir Louis ?

Pour le savoir, réponds à la question.

Le schéma représente les roues du moteur du bateau. Observe comment la roue principale transmet le mouvement.

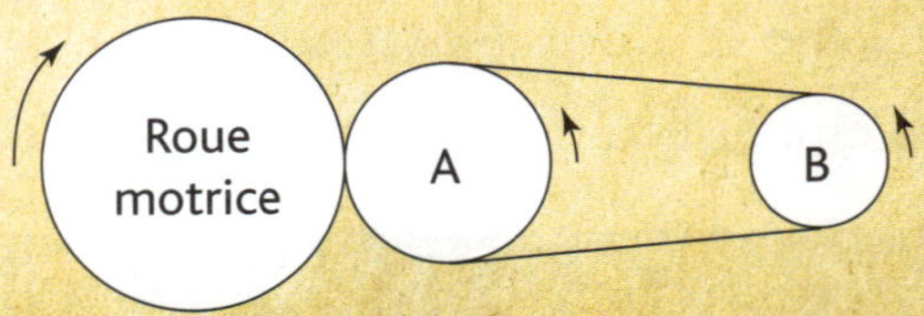

Les flèches qui indiquent le sens de rotation des roues A et B sont :

a. dans le bon sens. **b.** dans le mauvais sens.

Si tu as répondu a. → Lis le n° 10.
Si tu as répondu b. → Lis le n° 6.

mémo 16

5

Faux. As-tu bien comparé le chiffre des dixièmes ?

→ Retourne à l'exercice du n° 11.

6

Tu t'es trompé(e), va consulter le mémo.

→ Refais l'exercice du n° 4.

7

Lisa hausse les épaules, visiblement émue.

– Bah ! Les statuettes maya ont bien le droit de prendre l'air ! C'est vous qui devriez…

– Je l'ai aidé de mon plein gré. Fred ne m'a rien volé.

– Il reviendra, dis-je.

– Non. Il sait maintenant que je ne peux rien pour lui. Du moins financièrement.

De nouveau un long silence. Je revois le visage de Fred, dans le canot. Celui d'un homme en grande détresse.

Mme Lex semble lire dans mes pensées.

– Quand les parents de Lisa seront revenus, je partirai. J'irai le rejoindre. J'essaierai de l'aider à surmonter cette crise.

À présent, elle semble apaisée. Sa voix est ferme. Elle regarde au loin, vers le port.

Louis et Lisa vont-ils se quitter maintenant ?

Pourquoi Lisa ne prévient-elle pas la police ?

- C'est inutile car la statuette a été retrouvée.
- Elle ne veut pas que Mme Lex ait des ennuis.
- Personne ne croirait à cette histoire.

Écris ta réponse :

C'est ton CINQUIÈME et DERNIER INDICE.
Note-le sur ta page-indices, p. 93.

Maintenant → Va lire la fin au n° 13.

8

Tu t'es trompé(e). « Mille » est un mot invariable.

→ Retourne à l'exercice du n° **3**.

9

Faux. Une côte à falaise présente toujours des versants abrupts (comme les falaises d'Étretat en Normandie).

→ Refais l'exercice du n° **1**.

10

– Va-t-en, petit ! Va !

L'homme me regarde sans colère. Il a l'air très fatigué. Harassé, même.

Je ne me le fais pas dire deux fois. Un pied sur le rebord et hop ! saut de l'ange. Second bain de la soirée. Je regarde le canot disparaître au loin, vers les lumières scintillantes du port. Un peu sonné par ces quelques instants de folie. Un film. Je suis le héros d'un film.

Je fais demi-tour vers la plage. Vers Lisa, Riki et Mme Lex.

Sauf qu'à l'arrivée, il n'y a plus personne. Le sable seul luit sous la lune.

Je m'ébroue rageusement. Tu parles d'un héros ! Moi qui espérais un accueil triomphal. D'un pas furieux, je remonte à la villa, dont la fenêtre du salon est éclairée. Si je les trouve devant la télé, je fais un malheur.

J'ai tort. Au salon, l'ambiance est au drame. Lisa, qui tient Riki dans ses bras, a le visage décomposé. Elle regarde Mme Lex pianoter nerveusement le combiné téléphonique. Le chien m'aperçoit le premier, accourt vers moi. Grand cri de Lisa, qui me saute au cou. Elle rit, elle m'embrasse. Je crois rêver.

– Moineau ! On te croyait kidnappé. Mme Lex allait appeler la police.

La gouvernante s'écroule sur le canapé, fauchée par l'émotion. Un lourd silence s'installe.

Qui va rompre ce lourd silence ?

Pour le savoir, indique si les adjectifs soulignés sont épithètes (E) ou attributs (A).

1. Il a l'air très fatigué. ....

2. Le canot disparaît vers les lumières scintillantes. ......

3. Moi qui espérais un accueil triomphal. ....

4. La fenêtre du salon est éclairée. ....

5. Un lourd silence s'installe. ....

Si tu as écrit 1E – 2A – 3A – 4E – 5A → Lis le n° 2.
Si tu as écrit 1A – 2E – 3E – 4A – 5E → Lis le n° 11.

mémo 5

11 

Lisa s'assoit près de sa gouvernante.

– Ce… cet homme est vraiment votre frère ?

– Oui, Lisa. Le seul que j'ai. Il a cinq ans de moins que moi.

– Il a toujours été violent ?

Mme Lex soupire.

– Il n'est pas violent. C'est seulement un grand malade. Un malade de la roulette, du black-jack. Un fichu joueur. Il passe sa vie dans les casinos. Naturellement il perd plus qu'il ne gagne. Comme la plupart des joueurs.

Un temps. Mme Lex triture son mouchoir. Les mots

ont du mal à passer ses lèvres. Je l'aide :

– Pourquoi voulait-il de l'argent ?

– Il est aux abois*. Beaucoup de dettes. C'est ce qu'il est venu me dire voilà quelques jours. Trois ans que je ne l'avais pas revu. Il m'a supplié de lui prêter de l'argent. Beaucoup d'argent.

Elle a un rire nerveux.

– Moi qui n'ai que quelques misérables économies. Mais il n'a rien voulu entendre. Je devais me débrouiller, comme autrefois. J'ai toujours protégé Fred, depuis qu'il est petit. Alors j'ai mis un plan au point.

Elle se lève, se plante devant la baie vitrée, dos tourné. Plus facile pour continuer son récit.

* Être dans une situation sans issue.

Que va donc nous apprendre la confession de Mme Lex ?

Tu vas bientôt le savoir, mais avant, joue à ton tour aux cartes ! Range leur valeur par ordre croissant.

5,1	5,3	5,12	5,08	5,269

....

Si tu as écrit 5,08 – 5,1 – 5,12 – 5,269 – 5,3
→ Lis le n° 3.
Si tu as écrit 5,08 – 5,1 – 5,12 – 5,3 – 5,269
→ Lis le n° 5.

mémo 10

12 

Attention, « cent » ne prend pas de « s » s'il est suivi d'un autre chiffre.

→ Courage, retourne à l'exercice du n° 3.

13 

Lisa et moi quittons la pièce sans un mot, la main dans la main. Le cœur chamboulé, aussi. Il est temps que je regagne le camping des Flots bleus. Je siffle Riki, vautré sur le lit de Lisa avec Ficelle.

– Euh… J'ai un château à visiter, demain. Avec mes parents…

Lisa sourit, l'œil malicieux.

– Tu veux te débarrasser de moi, c'est ça ? Pas question, moineau ! Je te suis.

Son rire m'accompagne tout au long du chemin. Et ses deux petites fossettes. Heureux, Louis le moineau. Je plane haut, très haut. L'amour me donne des ailes.

Jusqu'à la caravane et la voix tonitruante de papa.

– Peux-tu nous expliquer ce que tu fais dehors à cette heure-ci, Louis ?

Là, j'atterris. Bien obligé. Va falloir que je sois convaincant.

FIN

Bravo ! Puisque tu es allé(e) jusqu'au bout de cette histoire et de ses exercices, nous te proposons de nous envoyer, sur le site www.lenigme.com, la liste des indices que tu as écrits page 93 et tu pourras télécharger des surprises !

À bientôt pour une nouvelle aventure !

Mémo

Pour t'aider à faire tes exercices

Français

Maths

Découverte du monde

Vocabulaire

1 Sens propre, sens figuré

Un mot peut avoir plusieurs sens.

- S'il représente une réalité, il est utilisé au **sens propre**.
  La Lune est un satellite de la Terre.
- S'il représente une image (une idée), il est utilisé au **sens figuré**.
  Louis est souvent dans la lune (il est souvent distrait).

Orthographe

2 Le participe passé et le verbe à l'infinitif

- **Le verbe s'écrit à l'infinitif** s'il est précédé d'un autre verbe ou d'une préposition.

*Je **m'entends** marmonner. / Ses cheveux ont l'air* **de** *flamber.*

verbe conjugué + infinitif (*er*) — préposition + infinitif (*er*)

- **Le verbe est un participe passé** s'il suit l'auxiliaire *être* ou *avoir*, ou s'il fait partie d'un groupe nominal.

Riki **a** *aboyé. / Elle me regarde, le visage baigné dans la lumière.*

auxiliaire *avoir* + participe passé (*é*) — groupe nominal

Grammaire

3 Les pronoms personnels

Un pronom personnel est un petit mot qui remplace un groupe nominal ou un nom. Il respecte le genre et le nombre du nom remplacé.

Lisa fait d'abord taire Ficelle. → Elle fait d'abord taire Ficelle.

sujet — pronom personnel sujet

Lisa et Louis mangent des glaces. → Lisa et Louis les mangent.

complément — pronom personnel complément

Pronoms personnels sujets		Pronoms personnels compléments	
je, j' tu il, elle, on	nous vous ils, elles	me, moi te, toi l', le, la, lui, elle...	nous vous les, eux, leur, elles...

4 Le complément du nom

- Pour donner des renseignements supplémentaires sur un nom, on peut utiliser un complément du nom.
- Il est toujours relié au nom par une préposition (*de, à, en, au, du...*).

Le complément du nom complète le nom :
– par un autre nom : *Le chien* ***de*** *Lisa*.
– par un groupe nominal : *L'enquête* ***de*** *Lisa et Louis*.
– par un verbe à l'infinitif : *Une envie* ***de*** *crier*.

5 Les fonctions de l'adjectif qualificatif

L'adjectif qualificatif a deux fonctions.

- **Il peut compléter un nom.**

Louis saute dans l'eau ***glacée****.*

nom (l'eau) – épithète (glacée)

Lorsqu'il fait partie du groupe nominal, on dit qu'il est **épithète**.
Il s'accorde en genre et en nombre avec le nom.

- **Il peut qualifier le sujet.**

Madame Lex paraît ***attristée****.*

sujet (Madame Lex) – attribut du sujet (attristée)

Lorsqu'il est placé après **un verbe d'état** (*être, paraître, sembler, devenir...*), on dit qu'il est **attribut du sujet**.
Il s'accorde en genre et en nombre avec le sujet.

6 Les déterminants

Ce sont de petits mots placés devant le nom. Ils servent à préciser le nom. Le nom s'accorde en genre et en nombre avec son déterminant.

Les articles	définis	indéfinis	partitifs
singuliers	le, la, l'	un, une	du, de la
pluriels	les	des	des

Les déterminants	possessifs	démonstratifs	numéraux	indéfinis
singuliers	mon, ton, son, ma, ta, sa, notre, votre, leur	ce, cet, cette	un, une	aucun, chaque, tel...
pluriels	mes, tes, ses, nos, vos, leurs	ces	deux... cent... mille...	plusieurs, quelques...

Calcul

7 Les multiples d'un nombre

45 est **un multiple** de 9 car il contient 5 fois le nombre 9. *5 × 9 = 45*
45 est aussi un multiple de 5 car il contient 9 fois le nombre 5. *9 × 5 = 45*

Des multiples faciles à reconnaître :

- **Les nombres multiples de 2 :** tous les nombres pairs (ils se terminent par 0 ; 2 ; 4 ; 6 ; 8). *10 894 (car 4 est **pair**)*
- **Les nombres multiples de 3 :** tous les nombres dont la somme des chiffres est un multiple de 3. *327 (car 3 + 2 + 7 = 12 et 12 = 4 × 3)*
- **Les nombres multiples de 5 :** tous les nombres qui se terminent par 0 ou par 5. *12 675 (car le dernier chiffre est **5**)*

Numération

8 Les fractions décimales

- Les fractions décimales sont des fractions qui ont 1 ou 10, 100, 1 000 au dénominateur.

huit dixièmes $\frac{8}{10}$ ← numérateur (8) ; ← dénominateur (10)

- Un **nombre entier** s'écrit sous la forme d'une **fraction décimale** si le nombre de 0 placé à droite au numérateur est le même qu'au dénominateur.

$$8 = \frac{8}{1} = \frac{80}{10} = \frac{800}{100} = \frac{8\,000}{1\,000}$$

9 Écrire les nombres en lettres

- Pour écrire un nombre en lettres, il te suffit de connaître ces mots :

et – un – deux – trois – quatre – cinq – six – sept – huit – neuf
dix – onze – douze – treize – quatorze – quinze – seize
vingt – trente – quarante – cinquante – soixante
cent – mille – million...

- Les mots ***vingt*** et ***cent*** prennent un *s* seulement quand ils sont multipliés par un nombre et qu'ils sont les derniers :

cent quatre-vingts (180) mais *cent vingt-trois (123)*
quatre cents (400) mais *quatre cent cinq (405)*

Le mot ***mille*** ne prend jamais de *s* : *huit mille*.

10 Ranger les nombres décimaux

- Un nombre décimal s'écrit avec une virgule : 6,839

PARTIE ENTIÈRE			PARTIE DÉCIMALE		
centaine	dizaine	unité	dixième	centième	millième
		6	, **8**	**3**	**9**

- Pour ranger des nombres décimaux par ordre croissant (du plus petit au plus grand) :

– on compare d'abord leur partie entière

*7,54 < 8,12 car **7** < **8***

– lorsque les parties entières sont égales, on compare alors les parties décimales (d'abord les dixièmes, puis les centièmes, etc.).

*2,431 < 2,55 car 2,**4** < 2,**5***

9,236 < 9,238 car 6 millièmes sont plus petits que 8 millièmes.

Opérations

11 Savoir multiplier

```
  652
 × 23
```

Cette multiplication se fait en trois temps :

1) On multiplie 652 par **3 unités** :

```
    1
    652
 ×   23
 ------
   1956
```

2) Puis on multiplie 652 par 20 (ou **2 dizaines**) :

```
    652
 ×   23
 ------
   1956
```

3) Enfin on additionne :

```
 + 13040   ← Pense au « 0 »
 -------
 = 14996
```

Géométrie

12 Les quadrilatères

Un quadrilatère est un polygone qui a toujours 4 côtés, 4 sommets et 4 angles.

Quelques quadrilatères particuliers :

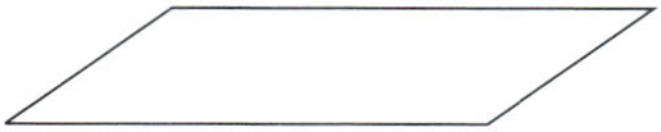

- **Le parallélogramme** :
  – côtés opposés égaux et parallèles ;
  – angles opposés égaux.

- **Le rectangle** :
  – côtés opposés égaux et parallèles ;
  – 4 angles droits.

- **Le carré** :
  – 4 côtés égaux ;
  – côtés opposés parallèles ;
  – 4 angles droits.

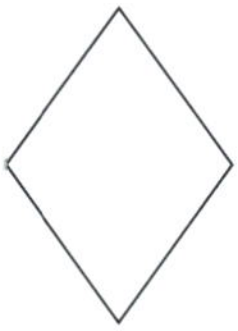

- **Le losange** :
  – 4 côtés égaux ;
  – côtés opposés parallèles ;
  – angles opposés égaux.

13 Le cube et le pavé

Le **cube** et le **pavé** sont des solides à faces planes (des **polyèdres**).
Tout polyèdre se décrit en termes de **face**, **arête** et **sommet**.
Un cube ou un pavé comporte 6 faces, 8 sommets, 12 arêtes.

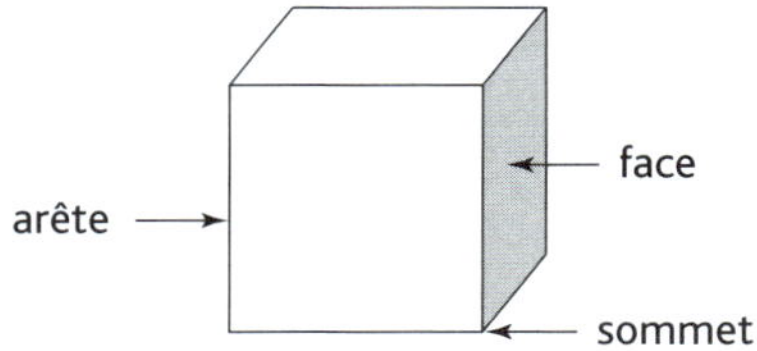

Sciences

14 La respiration

Lors de la **respiration**, les muscles de l'appareil respiratoire effectuent deux mouvements.

- **L'inspiration** : les muscles se contractent et aspirent l'air (l'oxygène), qui gonfle les poumons. Dans les poumons se trouvent des millions de petits sacs, **les alvéoles pulmonaires**. Celles-ci vont permettre au sang de se charger en oxygène avant d'aller vers le cœur et de se diffuser partout dans le corps.
- **L'expiration** : les muscles se relâchent et l'air est rejeté vers l'extérieur. Cet air est composé de gaz carbonique. En effet, le sang qui revient du cœur dépose dans les alvéoles pulmonaires le gaz carbonique, qui est rejeté à l'expiration.

Géographie

15 Les océans

Technologie

16 Les mécanismes

Un mécanisme est un ensemble de pièces assemblées dont la mise en marche produit un mouvement. Pour trouver le sens de rotation des éléments d'un mécanisme, il faut avant tout observer comment la roue principale (la roue motrice R) transmet son mouvement.

par friction — à l'aide d'une courroie

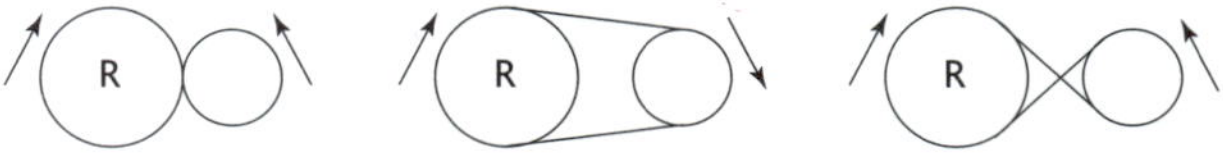

sens inverse — même sens — sens inverse

Page-indices

Parfum de vacances

du CM1 au CM2

Note ci-dessous les indices que tu as trouvés
au cours de ta lecture.

Va vite te connecter sur le site
www.lenigme.com
pour nous envoyer tes indices,
et tu pourras télécharger plein de cadeaux !

INDICE 1 ....

INDICE 2 ....

INDICE 3 ....

INDICE 4 ....

INDICE 5 ....

Bravo ! Tu as trouvé tous les indices !

Table des matières

Chapitre 4 Interdit aux mineurs

Chapitre 5 Bain de minuit

N° d'éditeur : 10219877 – JPM – Février 2016
Imprimé en Italie par BONA

L'ÉNIGME DES VACANCES

Choisis ton univers !

Historique · FANTASTIQUE · Policier · Aventure · FRISSON · Princesse · Sciences

du CP au CE1

- Le voleur invisible
- Sophia, princesse de la mer 🎧
- Le mystère de la source 🎧
- Disparition au pays des poneys 🎧

du CE1 au CE2

- La peur au bout de la laisse
- Mystère au cirque Alzared
- Attention ! Dauphins en danger
- Pas si désert que ça !
- Menace sur Madagascar
- Pirates en péril ! 🎧
- L'attaque des monstres animaux SCOOBY-DOO!

du CE2 au CM1

- Le labyrinthe des dragons
- Les fantômes de Glamorgan
- La plage du Prince Blanc
- Le phare de la peur
- Montagne explosive !
- Menaces sur la finale de foot
- Planète dinosaures
- La menace des fantômes SCOOBY-DOO!

du CM1 au CM2

- Le voleur de papyrus (iPhone iPad)
- Le secret de la jungle
- Le sortilège des loups-garous
- Parfum de vacances
- La carrière interdite
- Feu mystérieux en Australie
- Musiques diaboliques SCOOBY-DOO!
- Drôles d'époques ! 7 HISTOIRES

du CE2 au CM2

Les Mystérieuses Cités d'or

LES MYSTÉRIEUSES CITÉS D'OR

- T.1 Le secret du tambour sacré
- T.2 À la poursuite du Dragon Jaune
- T.3 Le ventre de Bouddha
- T.4 La révélation

du CM2 à la 6e

- Le trésor des Templiers
- Panique à la Pop Academy
- La forêt de l'épouvante
- À la recherche de la cité perdue (iPhone iPad)
- Eaux troubles à Venise
- Drôles de familles ! 7 HISTOIRES

de la 6e à la 5e

- Le secret du Titanic (iPhone iPad)
- Drôle de trafic
- Complot chez les cordons-bleus
- The Refuge in Danger 🎧 (en anglais)

de la 5e à la 4e

- Operation Blue Lagoon 🎧 (en anglais)
- Chute mortelle au Mont-Saint-Michel (iPhone iPad)
- The Captain is Missing! 🎧 (en anglais)
- Le souffle de l'ange

de la 4e à la 3e

- Murder in West Park 🎧 (en anglais)
- The Mark of the Vampire 🎧 (en anglais) (iPhone iPad)

🎧 Histoire à podcaster sur le site www.lenigme.com

(iPhone iPad) Existe en applications pour iPhone et iPad. Disponible sur App Store.